Lb 45. 266.

OBSERVATIONS

SUR

LES RÉFLEXIONS

D'UN SUJET DE LOUIS XVIII.

OBSERVATIONS

SUR LES

RÉFLEXIONS D'UN SUJET

DE LOUIS XVIII,

Fonctionnaire public dans le département de l'Oise;

Par un Propriétaire de ce département.

A PARIS,

Chez DEBRAY, Libraire, rue Saint-Nicaisse, n°. 1.

M. DCCC. XIV.

OBSERVATIONS

SUR

LES RÉFLEXIONS

D'UN SUJET DE LOUIS XVIII.

*L*E *roi ne meurt point en France* : maxime salutaire de notre droit public. Cependant, les rois sont hommes, assujettis par la nature aux infirmités, aux faiblesses, aux vices de l'humanité : de-là le besoin de prévoir leurs erreurs, leurs égaremens ; d'y trouver les meilleurs remèdes possibles.

Cette loi de succession à la couronne varie selon les intérêts et les habitudes des nations; elle fut enfreinte en la personne de Hugues-Capet, chef de la dynastie des Bourbons. L'exemple cité d'un peuple célèbre à l'époque de sa *glorieuse* révolution, fut un changement réel, avec des restrictions, dans l'ordre de successibilité, même le partage du trône en faveur de Guillaume de Nassau *. La loi est donc établie pour l'avantage des nations qui ne sont point un patrimoine et ne peuvent appartenir à une famille. Ne mettons point l'enthousiasme à la place de

---

* On connaît ce qui s'est passé en Suède.

la raison; ne soyons pas adulateurs par de vaines arguties, par des discussions oiseuses. Le *désiré* Louis xviii, *rappelé par l'amour de son peuple*, placé *librement* comme clef de la voûte de notre édifice social, ne peut avoir de meilleur titre, ni plus solide ni plus glorieux.

Voyons notre position. L'arène ouverte à tous les partis : l'ancienne *haute* noblesse et la nouvelle dans la lice; l'une, fille aînée de l'antique féodalité, depuis long-tems convertie en vénalité; l'autre, issue de la gloire récente des armes, ou de l'insigne faveur du tyran ; toutes deux, instrumens propres du pouvoir absolu : ces rivales d'ambition, se disputant les honneurs, les dignités, sur-tout les émolumens; se plongeant à l'envi dans la servitude, et le peuple de plus en plus dans la misère, ne feraient que confirmer toute l'histoire des tems passés.

D'autre part, les alliés, neutres en apparence, très-actifs en effet, soufflant secrètement le feu de la discorde, appuyant sous main toutes les factions chez une nation toujours inconsidérée et facile à séduire, ne s'écarteraient point de la politique en usage, etc.

Ces dangers, plus ou moins probables, plus ou moins imminens, appellent les gens de bien à concourir de tous leurs moyens aux vues sublimes de Sa Majesté : elle veut un pouvoir *pondéré* par une représentation nationale indépendante, qui puisse assurer le bon emploi des contributions par la responsabilité *réelle* des ministres ; qui puisse préserver le souverain des séductions des courtisans toujours flatteurs, toujours avides, et le garantir des embûches, des complots des gens de finance et traitants, toujours ennemis de la chose publique.

Grands dignitaires, anciens et modernes ! vous êtes entourés de vives lumières; vos yeux sont fixés sur un phare éclatant; vous êtes chargés, après d'horribles tempêtes, de conduire le navire au port : il n'y eut jamais de tâche plus glorieuse à remplir. Vous pouvez réparer les malheurs de la révolution; effacer les crimes de la république ; faire oublier les atrocités de la tyranie ; vous le pouvez par l'accomplissement d'une charte constitutionnelle réclamée depuis long-tems par la nation ; vous avez l'occasion qui ne reviendra pas de sauver la patrie aux abois. Mais si vos âmes dégradées et vos cœurs corrompus vous rendent indignes de votre mission ; si vous sacrifiez les intérêts du peuple à vos intérêts personnels, vous serez couverts d'opprobre : attendez-vous aux imprécations des contemporains, à l'exécration de la postérité.

LA GARANTIE POLITIQUE.

La flatterie, avec ses illusions, a toujours trouvé une excellente garantie dans les grandes qualités et le caractère sublime des gouvernans, tels qu'ils soient. Cependant, ces heureuses qualités, ces talens supérieurs, présens rares de la providence, fragiles et sujets aux vicissitudes de la vie humaine, ne sont point héréditaires : il n'y aura donc jamais de vraie garantie nationale que dans la juste balance des pouvoirs, dans la responsabilité effective des ministres, dans l'influence même de l'opinion publique par la liberté de la presse. Mais cette opinion publique n'est point celle de la multitude : elle se forme en définitive par un assez petit nombre de voix. Dans un pays où tout a été soumis au calcul, on a trouvé que ce nombre d'opinans avec efficacité n'excédait pas sept à huit mille dans une population de douze millions. Ces huit mille voix de ce qu'il y a d'hommes éclairés, s'exprimant avec liberté entière par parole et par écrit, finissent par décider de tout à l'avantage de tous. Mais les gouvernans veulent enchaîner les pensées pour déchaîner leurs propres volontés. *Qu'on nous déporte à Alger,* disait un Anglais, *avec la liberté de la presse, nous en chasserons le despotisme.* Voilà pourquoi les despotes et leurs suppôts la redoutent si fort.

LA NOBLESSE FÉODALE.

Cette ancienne noblesse féodale, en général ignorante, ne sut que dominer avec arrogance, ou ramper servilement sous un maître : elle a fini presqu'en tous lieux par n'être qu'un instrument d'oppressions. Il faut excepter cette nation superbe qui, *par le trident de Neptune, tient le sceptre du monde :* ses hauts barons furent assez prévoyans pour faire cause commune contre le pouvoir arbitraire : ils ont été assez sages pour réduire successivement leurs droits et prérogatives à ce qu'ils ont d'utilité réelle : assez éclairés pour se réunir à la masse du peuple par des avantages communs ; cette généreuse noblesse jouit de la gloire d'avoir établi, avec le progrès des lumières, la meilleure forme de gouvernement qui ait existé. Ce n'est point une simple opinion, c'est une vérité de fait qui ne peut être contestée de bonne foi. Qu'on cherche dans l'histoire, on ne trouvera pas un plus grand éclat de patriotisme, d'harmonie sociale, de prospérité et de force réelle, de liberté publique et de sécurité individuelle. Ces heureux résultats ne sont point les fruits naturels d'un sol particulier : on les a recueillis, plus ou moins abondans, en tous tems, en tous climats, par un effet constant de la même cause, *la balance des pouvoirs* plus ou moins bien combinée. Transporté dans le Nouveau-Monde, ce régime prospère en a peuplé les déserts avec une progression incroyable. Ces peuples, formés dans les principes d'une saine politique et d'une religion tolérante, ont confirmé dans leurs crises cette maxime d'un homme de génie, que *les révolutions de la liberté tournent au profit de la liberté, comme celles de la servitude ne font qu'aggraver la servitude*. Que les sublimes déclarations du congrès américain, que les écrits immortels des hommes célèbres en Italie, en Allemagne, en France, en Angleterre, éclairent enfin les grands de la terre sur leurs funestes erreurs : car c'est dans la dépravation des hautes classes, dans les égaremens des chefs qu'il faut chercher la source des maux qui affligent les nations ; c'est là qu'on trouve la cause des révolutions désastreuses dont la populace et les armées sont les instrumens aveugles.

LA GLOIRE DES ARMES.

La prospérité des armes n'a jamais été un gage de bonheur public. Rome, subjuguée par ses généraux, voyait ses légions victorieuses dans toutes les parties du monde connu; elle vit en même tems son sénat tombé dans l'avilissement, ses comices dégénérés en parades politiques, ses magistratures devenues les signes de la faveur ou les instrumens du prince : de-là sortit ce gouvernement militaire qui prépara le trône aux Tibère, Claude, Néron et Caligula.

Charles XII, nommé de son tems l'Alexandre du Nord, avait vu pendant dix années la victoire attachée à ses drapeaux : il en conçut le projet d'envoyer une de ses bottes pour présider son sénat, et laissa son royaume dans une détresse dont il ne s'est pas relevé.

En France, les conquêtes de Louis XIV, objet de tant d'éloges adulateurs, servirent à le rendre plus absolu, à imprimer au corps de la noblesse le seul esprit militaire, qui n'est pas le bon esprit public; à livrer l'État aux traitants pour le dévorer; à créer cette dette publique, dont les suites funestes, par l'accumulation des fautes et des mesures de plus en plus désastreuses, ont amené sur la tête de son deuxième successeur, la plus affreuse catastrophe. Nouvelle preuve irréfragable : jamais la gloire des armes ne fut plus rayonnante que dans ces dernières années de calamités dont l'histoire épouvantable sera l'horreur des générations futures.

LES PROPRIÉTAIRES FONCIERS.

On a vu parmi nous des politiques, courtiers de banque, directeurs de *caisse d'escompte*, signaler la classe des *propriétaires* pour être celle des égoïstes, des parasites de la nation; ils imputaient à cette classe la détresse du peuple, la cherté des denrées, le monopole des grains, etc. : semblables à ces filoux qui, dans une foire, cherchent à détourner les soupçons de leurs complots sur leurs propres dupes.

O siècle d'avilissement! ô honte ineffaçable! De malheureux étrangers parvenus au timon des affaires par des voies tortueuses, avec des fortunes colossales pompées en un jour dans la sentine de l'agiotage; ces hommes d'État d'un nouveau genre ont fait, pendant plusieurs années, l'engouement de la capitale, qui croit voir tout l'empire renfermé dans son enceinte, et trouve la prospérité publique dans le bon placement de ses capitaux. Voilà les hommes qui ont tenu dans leurs mains les destinées de la France : et c'est dans ces mains ineptes ou perfides qu'ont été brisés tous les ressorts de la monarchie. Il est honorable pour les propriétaires français d'avoir eu de pareils antagonistes pour accusateurs.

Si les hommes sont forcés, par leur nature, à

chercher le bien-être, celui des propriétaires, inséparable du sort des cultivateurs, tient essentiellement à la paix et au bon ordre : leur égoïsme tourne nécessairement à l'avantage des autres classes; ce qui n'est pas réciproque.

Il est vrai que cette classe est entièrement passive sous un gouvernement absolu qui doit être administré par des mercenaires dépendans; mais, à mesure qu'on se rapproche de la liberté, ces prétendus parasites ont la charge de l'ordre social, comme meilleurs gardiens de cet ordre; ils concourent utilement à la législation, leur propre intérêt se trouvant dans les bonnes lois; eux seuls peuvent maintenir la police sans espions, sans soldats : rendre une justice gratuite, impartiale, sans corps judiciaires, toujours terribles par eux-mêmes : c'est-là le grand bienfait de l'institution des *jurés*, calomniée par des esprits prévenus, dénaturée par des législateurs d'un jour, comme des liqueurs excellentes déposées en des vases infects. Cette institution, quoiqu'imparfaite dans les juridictions consulaires, offre l'exemple d'une justice bien administrée dans les pays même où les tribunaux sont l'effroi des honnêtes gens.

Par une contradiction peu rare chez les hommes sans principes, ces maximes ont eu l'aveu public de deux fameux ministres dont l'un a prélude et l'autre connivé aux malheurs de la révolution : l'assentiment tardif de ces mauvais génies n'a pas grand poids par lui-même ; il est remarquable en ce que des promoteurs du pouvoir absolu, opposés en tout comme rivaux d'ambition, se sont accordés à condamner leur vie politique.

Chose digne de remarque : l'assemblée des États généraux, en 1789, fut précédée d'une réunion de *notables* pour délibérer sur la meilleure organisation de cette assemblée; leur vœu et les arrêtés du parlement se décidèrent pour le *vote* par ordre, anciennement établi, et qui dans toutes les occasions ne produisit que des désordres ; mais ni les notables, ni les parlemens, ni le ministère, ni la foule des écrivains invités à émettre leurs opinions, ne parlèrent des conditions d'éligibilité; et le *marc d'argent* en propriété éprouva de grandes difficultés dans l'assemblée constituante. Cependant, les puissans motifs de cette condition sont confirmés par la pratique d'un peuple qu'il faut toujours consulter en fait de gouvernement ; les Anglais reconnaissent que leurs représentans élus par les comtés, dont on exige une plus grande fortune territoriale, sont les vrais remparts, les plus solides appuis de l'ordre public.

Le projet de la constitution nouvelle est muet sur cet article : ses auteurs ont eu sans doute leurs raisons qu'il serait triste et humiliant de développer *.

* Dans ce siècle de charlatanisme scientifique, de duplicité morale et politique, et de tous genres d'hypo- crisies, on est inondé d'*idées libérales*, de principes de magnanimité, de piété, de désintéressement....... Grand spectacle pour les observateurs !...... Une ligue générale, soudoyée par une nation forte de sa richesse, de sa li- berté, va fixer le régime de l'Europe........ On pourra voir comment les nations savent être généreuses entre elles..... comment le Despotisme sait prendre le masque du tems....... et comment des peuples vieillis dans la servi- tude peuvent secouer le joug.

FIN